Impressions & Rêves

Copyright © Maxim Quatrehomme, 2022
Édition : BoD – Books on Demand, info@bod.fr
Impression : BoD – Books on Demand, In de
Tarpen 42, Norderstedt (Allemagne)
Impression à la demande
ISBN : 978-2-3224-3174-8
Dépôt légal : Décembre 2022

Maxim Quatrehomme

Impressions & Rêves

Éditions BoD

Une vie triste

Fardeau à l'épaule, je l'ai porté.

Touchant le sol, il me fait lentement succomber.

Tombant face aux supplices de la vie,

Cherchant la personne que j'aurais souhaité être, accompli.

Celle qui n'épargne personne,

Pas même les justes de ce monde,

Grisâtre comme un matin brumeux de Gironde,

Triste telle une histoire d'amour qui m'empoisonne.

J'ai vu l'esprit des disciples de Satan se tyrannisait encore

plus,

J'ai vu le mal absolu,

J'ai vu les peuples souffrir, se déplaçait par afflux.

J'ai vu.

Et parmi ces souffrances, rabaissant ma dignité,

L'aberrance des puissants m'a fait réaliser,

Qu'elle soit précieuse et généreuse, vient nous rencontrer,

Ô Paix tant attendu, comme tu tardes.

Dans l'ombre de la nuit

Dans l'ombre de la nuit, je te vois disparaitre au loin.

Bien trop éloigné de l'assassin de ton cœur.

J'ai cherché tes somptueux cheveux bruns dans les rues

parisiennes, en vain.

M'inquiétant fortement, peur m'envahissant.

Dans l'ombre de la nuit, je ne te vois plus.

Tu as maintenant complètement disparu, abattu suis-je.

Nombreux sont mes péchés, nombreuses sont mes calomnies,

j'en suis désespéré.

Nombreux sont mes regrets, j'en suis dégoûté.

Dans l'ombre de la nuit, tu me manques déjà.

Je ne peux vivre sans toi,

Ô mon Amour, reviens vers moi,

Je ne peux vivre sans toi.

Dans l'ombre de la nuit, je pense à toi.

Uniquement toi, car tu es le seul amour de ma vie.

Le froid hivernal de Paris prend place dans mon corps, car toi

seul peut réchauffer mon âme maintenant si vide.

S'il te plaît, juste une dernière fois…

Près

Près de ta mère, tu es.

Tu le resteras.

Près de ton père, tu es.

Tu le resteras.

Près de tes grands-parents, tu es.

Tu le resteras.

Près de tes frères et sœurs, tu es.

Tu le resteras.

Près de ta famille, tu es.

Tu le resteras.

Près de ta patrie, tu es.

Tu le resteras, tu la défendras.

Petite Africaine

Petite Africaine,

N'aie aucune peine,

Ce n'est que ta mère qu'ils ont violée,

Au beau milieu de la marée.

À la croisée des chemins,

Les barbares ont violé ta mère,

À la croisée des lendemains,

Ils paieront en enfer.

Petite Africaine,

Ne dis rien, tu risques de subir.

Petite Africaine,

Ne dis rien, tu risques de subir.

Petite Africaine,

Voyons, du calme !

Petite Africaine,

Voyons, du calme !

Aimer, c'est apprendre

Aimer, c'est apprendre que les serments émis par l'autre ne

sont qu'hypocrisie.

Pourtant aimer, c'est une joie qui nous enivre.

Aimer, c'est apprendre que les gestes de tendresse n'est qu'un

art.

Pourtant aimer, c'est un fabuleux destin qui nous fait prendre

un nouveau départ.

Aimer, c'est apprendre, mais hélas ! C'est se mettre face aux

accablantes vérités de l'amour.

Qu'il s'achète.

Qu'il ne se trouve partout.

Qu'il rend bête.

Mon enfance

Mon enfance,

Aux vagues incertaines aux allures de tsunamis,

L'envie des plus puissants a fait perdre la vie à mon meilleur

ami.

Je me souviens, ton fluide sourire d'antan.

Mon enfance,

Le monde où j'ai vécu, bien trop mal éclairé,

Où règne la doctrine du mal absolu et des dictatures éclatées,

Je me souviens des peuples battus et opprimés.

Mon enfance,

Où ce village que j'affectionnais tant,

A été détruit par les belligérants,

Qui veulent me voir punis de mes désobéissances.

Le chemin

On m'a mis sur un chemin,

Qui me plaisait bien,

Mais au fil du temps, je me suis rendu compte,

Qu'il ne menait à rien.

J'arrive alors dans un carrefour.

Mon cerveau, mon esprit et tout ce qui va avec,

Se mirent sévèrement à réfléchir.

La nuit s'élève, le jour se couche.

Je m'assois dans un tas de coquelicots,

Questionnant mon esprit avec ardeur.

Je vis soudainement mon ami l'escargot,

Ô quel bon farceur !

Indivisibles

Le bonheur et le malheur sont parents. Ils sont indivisibles.

La faute serait de reconnaître que le bonheur naît

obligatoirement de la découverte du malheur.

Ô justice !

Ô après t'être fait maltraitée,

Malmenée,

De ton existence, ils t'ont chassée,

Rejetée.

Ô justice, fait face à ces lions,

Qui se sentent tout-puissant,

Fait face à leurs interrogations,

Ne laisse désormais plus couler du sang injustement.

Car une partie de leurs êtres,

Depuis fort longtemps,

Sûrement par fierté,

Ont laissé couleur leurs multiples péchés.

Te voilà revenue

Te voilà revenue, dans mes nuits agitées,

Bel ange aux yeux azuré,

J'ai cru te vaincre et t'oublier,

Et toi, les mains dans tes cheveux,

Avec ton sourire qui m'était précieux,

Dans le passé,

Te voilà revenue.

Seulement deux mots de toi m'ont fait Roi,

Panses mes blessures, elles sont si profondes, quasi infinies,

Ivre de ta beauté et admirant tes chaussures,

Allons boire un coup à La Rotonde,

Et prenons un petit coup d'eau-de-vie.

Amour

Amour, que t'ai-je fait ?

Que constituent mes crimes ?

Suis-je destiné à être ton éternelle victime ?

Je ne te plais donc point ?

Qu'ai-je ?

Mon esprit pense-t-il trop ?

Ou pas assez ?

Amour, tu sais,

Je suis tout nouveau,

Dans ton monde,

Qui détruit déjà ma santé,

Je veux déjà le quitter,

Mais tu continues à m'appeler,

Et je continue à te regarder.

À une inconnue de la

rue

Élégante et sublime, charmante femme épanouie et accomplie,

Bleu cette fois est mon ciel évinçant le gris,

Pour une fois, mon destin m'est favorable, je t'ai croisée.

Je ne vois désormais plus que par toi dans mes pensées.

Avec raison, peut-on résister à ta beauté ?

Oui.

Avec passion, peut-on résister à ta beauté ?

Non.

Je ne peux faire face à toi,

Être si fragile et sensible,

Je veux juste que tu sois près de moi,

Et je fais le serment de te protéger des gens qui te font cible.

Amour qui...

Amour qui quelquefois l'emporte,

Blessant mon âme, la laissant sans vie,

Ces remarques rabaissant qui me laissent meurtri,

Y a-t-il un amalgame à cette épidémie de malheureux ?

Amour qui me déstabilise,

Dont la complexité et la beauté me trouble,

Tel un ours blanc perdu sur sa banquise,

Lentement, je coule.

Amour qui me laisse au fond de moi-même,

Seul et désespéré,

Moi qui pensais que tu m'aimais,

Je me suis trompé.

Le dialogue de l'Amour

Je lui dis : « Ton prénom ? »

Elle me rétorqua : « Selon ton désir. »

Je dis : « Diane, cela te convient ma chère ? »

Elle : « Oui. Du moins pour le moment. »

Je dis : « La solitude vous hante-t-elle ? »

Elle : « Depuis fort longtemps… »

Je dis : « Peut-on combler ce vide en s'aimant ? »

Elle : « Votre souhait le peut. »

Je dis : « Vos hommes, qui ils sont ? »

Elle : « Père, frère, patron. »

Je dis : « Tes préférences ? »

Elle : « Ceux qui sont bon. »

Je dis : « Peut-on aller au cinéma ? »

Elle : « « N'oublie Jamais » est bien pour commencer. »

Je dis : « Tu as de belles mains. »

Elle : « Je trouve aussi. »

Je dis : Tu es somptueuse, presque divine.

Elle : « Tu as bien raison. »

Je dis : « Ce qui te ferait plaisir ? »

Elle : « Peut-être est-ce gratuit. »

« Nous nous sommes appréciés, nous avons discuté de

Thierry Metz.

Puis de Descartes. »

Je dis : « Et tes cheveux inoubliables ? »

Elle : « Puis nous nous sommes lassés en même temps. »

L'enfant

L'enfant qui me raconte,

Je sais bien ce qui le rend si fragile, ce qu'il pense être de la

honte.

Me sentant ridicule et infiniment petit face à son courage,

Ô quel apprentissage !

L'enfant au regard fragile,

Qui a vu sa famille et des civiles subirent la destruction par les

missiles de ses Terres,

Devant renoncer à la Vérité,

Et à l'amour de son père.

L'enfant qui s'est vu enfin apaisé,

Mais qui a prédit sa communauté chutée.

Tu trouveras toujours

Tu trouveras toujours, dans ta peine,

Tu trouveras toujours ma triste âme pour conforter la tienne,

Tu trouveras toujours ma triste oreille pour écouter la tienne.

Tu trouveras toujours mes tristes mains pour soutenir les

tiennes.

Tu trouveras toujours mon triste cœur pour ressentir avec

toi.

Tu trouveras toujours mes tristes yeux pour voir avec toi.

Tu trouveras toujours mes tristes mains pour soutenir les

tiennes.

Le cachot de mon âme

Ce soir, seul, dans le froid glacial hivernal, je descends dans le

cachot de mon âme. Là sous la terre reposent ceux dont je me

suis vu et consolé les souffrances, toi mon père, toi ma mère,

toi, ma douce et fougueuse tante, qui mourut la première il y a

bien des années, en cet hiver lugubre de décembre où tant de

pauvres gens moururent dans le village. Toute mon enfance

était accrochée à toi, mon cœur. Silencieux et distant des

autres, tu aimais d'une maternité refoulée, comme un rêve

solitaire, mélancoliquement séparée et solitaire.

Ce soir, seul, je descends dans les tombeaux de mon cœur et

m'examine avec larmes et regrets.

Je me rappelle

Je me rappelle,

Il y a un vingt ans,

Je te disais au revoir,

Espérant que nous allions nous revoir.

Un beau jour,

J'arrivais,

Tu m'attendais,

Par suite de cette soirée

Où tu étais dans mes pensées.

On se regardait,

On se souriait,

Je sentais les larmes monter à mes yeux,

Mais je ne parvenais point à les montrer.

Un bisou, puis deux,

Nos bras, aussi heureux,

Ne voulaient point de décrocher,

De peur d'être une deuxième fois éloignés.

Je ne voulais plus partir,

De peur de souffrir une seconde fois sans toi,

De ne plus jamais te revoir,

Même si j'avais de l'espoir de toi.

On s'enlaçait,

Ce regard, toi seul avait le secret,

Je t'aimerais toujours,

Tous les jours,

Je penserai tout le temps à toi,

Depuis le jour où je t'ai pris dans mes bras.

Pour l'Éternité.

Femmes

Femmes,

Vous qui avez le malin pouvoir,

De nous renverser par votre si belle âme,

Et ainsi nous emmener dans le désespoir.

Femmes,

Vous le savez fort bien,

Beaucoup d'hommes sont prêts à vous séduire et par tous les

moyens,

Cela ne vous agace-t-il pas de voir bon nombre de théoriciens

qui vous étudient pour ensuite mieux vous aborder ?

Femmes,

Tout cela n'est que programme,

Vous qui êtes l'enfer d'homme brisé qui ont perdu aux jeux,

Vous qui êtes aussi la grâce des nuits de certains autres

chanceux.

Adieu mon amour

Mon âme, j'ai trop regardé ce soir,

Devant le juge, qu'est ton cœur,

Cherchant la victoire de mes jours passés,

Ne la trouvant point mais me voyant tout de même vainqueur.

Devant cette justice injuste,

Toutes tes phrases je l'ai déguste,

Avec obligation et je sens désormais mon être fracturé avec

dévouement,

Que je puisse ne plus te voir, m'obligeant à changer de

département.

Ô tristesse qui me hante désormais tous les jours,

Les années passent mais mon souvenir de toi ne change point

mon amour,

Prêt à mourir pour que tu vives dans un immense fleuve de

roses,

Je te le propose.

Cet amour sera l'unique,

Je vois briller ton cœur brillé parmi les étoiles mystiques,

Ô mon amour !

Adieu.

Meurs à présent

Meurs à présent !

Ta mort est douce, et ta mission est finie.

Ce que l'homme d'ici prénomme le génie,

C'est le besoin d'aimer.

Suis-le

Suis-le,

Ton destin,

Soutient ceux qui tombent, fais le bien.

Aime les étrangers, soit juste envers eux.

A mon imaginaire Père

Mon imaginaire Père, Charles, Georges, Emmanuel,

Avec vos prénoms de nobles,

Mon imaginaire Père mien, mon Père à moi,

Et dont le métier de vignoble nous conduira à une éternelle et

fraternelle passion.

Définissant une âme guerrière et sûre,

Où s'avérait droiture,

Abondante est sa bonté,

Limité est sa colère.

Mon imaginaire Père, ton amour était en moi,

Je l'ai gardé toute ma vie,

Tant de philosophie, à travers tes paroles,

Tu rêvais d'être Bruxellois.

Mon imaginaire Père dans ma foi,

Dans mes prières,

Dont les paroles m'étaient loi,

Appliqué malgré mon âme révolutionnaire.

Mon amour

Ma douce, adieu, je me sens mourir !

Cela est pour ce soir, je le pense, ma bien-aimée !

J'ai encore l'âme lourde d'amour inexprimée,

Et je meurs !

Je voudrais crier !

Ma chère, ma chérie,

Ma chère, ma chérie,

Mon trésor,

Ma douce,

Mon amour !

Adieu…

Mon cœur ne vous quittera jamais une seconde.

Kaboul

Kaboul,

Sur tes hautes montagnes,

De jour en jour, tu t'écroules,

De ton Peuple, tu t'éloignes.

Ceux qui te dirigent,

Autorité et terreur sont les mots d'ordre,

Persécutant les "minorités" avec atrocité et peur,

La Paix et le repos, jamais tu ne l'accordes ?!

Étudier, travailler, vivre sont trop compliqué à comprendre ?

Tuer, violer, briser, tu préfères.

Moi Asim, enfant du

Soudan du Sud

Je m'appelle Asim.

J'ai 13 ans.

Je vis à Djouba, la capitale de mon pays, le Soudan du Sud.

J'ai survécu à la Guerre civile qui a touché mon pays pendant

sept ans, de 2013 à 2020.

Certes, grâce à Dieu, je suis toujours en vie.

Mais cela n'a pas été le cas de ma mère, mon père, et même ma

sœur, pourtant âgée de 8 ans.

Mon père, mort à 39 ans. Il a été jeté dans un des immeubles

de ma résidence qui était en feu.

Ma mère, elle décédée, à l'âge de 36 ans, a été violée par les

soldats et réduite à l'esclavage sexuel.

Ma sœur, la même chose, morte à 8 ans.

Moi Asim, enfant du Soudan du Sud.

Dis-nous, la liberté

Dis-nous,

Est-ce que tu nous entends,

Toi qui voudrais nous priver

De notre liberté ?

Ô jamais,

Tu ne pourras nous l'ôter,

C'est notre attachement,

Notre mouvement.

Je sais que la liberté,

Tu la considères,

Comme ce détritus vide de sens pour notre communauté,

Toi, populaire adversaire des guerres.

Un simple pardon

Bien que mon esprit soit brisé

Qu'il se soit enfui,

En toute inconscience,

Dans ce monde où règne l'ignorance,

Je n'en demeure pas moins réceptif,

A tes appels,

Tu me fais signe, me rappelant mon objectif,

Celui qui est de t'aimer profondément,

Malgré mes péchés et mes erreurs,

Je t'écrirai des romans,

Pour me faire pardonner de l'acteur,

Que j'ai sublimement interprété pendant ces années.

Mélancolie au premier

regard

Je t'ai entraperçu au bord de ma vieille fenêtre du haut de mon

appartement,

Tu n'as pas croisé mon regard mais moi le tien,

Mélancolie au premier regard,

J'aurai aimé que tu ne partes pas, pour construire le début de

notre histoire.

Désespérant, te cherchant depuis des jours interminables,

Du haut de mon logement,

Me sentant coupable,

De ton départ.

Les jours passent et repassent,

Toujours au bord de mon balcon,

Moi qui attends de te voir repasser,

Bien que la circulation soit dense.

Et même s'il faut attendre des années,

Pour espérer voir un signe,

Je le ferai et j'attendrai,

C'est ma consigne.

La chute de l'Amour

Elle est désormais seule et gênée,

Mes yeux avec intérêt,

La suivent dans ce lieu secret,

Où sa chute fut une beauté.

Son tranquille chagrin,

Gardant un profond silence,

Et des pleurs s'échappant enfin,

Et coulant avec abondance.

Dans sa douleur, je la contemple,

Et je dis : Voilà donc l'Amour !

Regrets

Mon âme coule dans le néant,

De ma vie sans beauté,

Je sens maintenant l'ennui qui naît,

Maintenant plus rien n'est à mon cœur charmant.

Je vois de mon regard épuisé,

La folie autour de moi,

Et ce monde en plein désarroi,

Me met de plus en plus en anxiété.

Mon existence, à quoi sert-elle ?

Je me retrouve impuissant,

Face à tous ces crimes mortels,

Faits dans l'indifférence.

Ce fut interminable

Ce fut interminable,

De te révéler ma tendresse,

Me sentant fort coupable,

De cette maladresse.

Par une façon dont je ne saurais la nommer,

J'ai pu t'exprimer mon amour,

Par ces discours,

Et ces projets.

J'espère que tu ne l'as pas mal pris,

Si oui, ce n'était point mon intention, ma douce,

Ton énergie, je ne peux la remettre en question,

Te voyant sucer ton pouce.

Je t'ai tout dit !

Mon cœur t'a écrit un roman,

Qui dans le temps,

Restera dans ta vie.

Si c'était ma dernière

heure

Si c'était ma dernière heure,

Je te dirais sûrement,

Ne commets pas les mêmes erreurs,

Ô doucement, mon enfant !

Sois juste et bon,

Efface les larmes de celui qui a de la peine,

Et cela, peu importe les situations,

Sauve le malheureux s'apprêtant à sauter dans la Seine.

Implore les méchants,

Protège l'orphelin dont l'enfance n'a jamais existé,

Milite contre les guerres avec respect,

Ne te déguise pas, enfile les habits d'un vrai Humaniste.

Je t'ai écrit une lettre

Je t'ai écrit une lettre,

Qui dit :

Mon amour, il est tard je sais. Il est trois heures du matin et

oui, je pense encore à toi.

Je n'aurais jamais pensé en arriver jusque-là.

Comment est-ce possible ? Que s'est -il passé ? Je n'ai rien vu

arriver. Dans tes yeux, seule la haine et le mépris sont nichés

quand dans les miens la lassitude et la tristesse découlent.

Qu'a-t-on fait ? Qu'est-on devenus ? Pourquoi a-t-on tout

laissé s'écrouler ? Pourquoi nos cœurs se sont noyés dans ces vagues d'hypocrites ? J'ai mal, je suis souffrant. Je m'étais

pourtant promis de ne jamais devenir tout ce que désormais.

Alors je hurle ma douleur, dans l'espoir certain que cela me

fasse un bien. Mais cela ne fait qu'empirer jour après jour.

J'ai brûlé ma lettre

Ces derniers jours, me sentant bien trop fort triste après notre

séparation,

J'avais préparé le manuscrit nécessaire pour te l'envoyer à

Lyon.

Sans doute par lâcheté tu penseras,

Plutôt pour respect envers toi, ma chère.

J'ai brûlé la lettre,

Au feu de bois de l'hiver.

Qui pénètre par son froid mon être,

M'obligeant à me soumettre.